达·芬奇的一生

[西]伊莎贝尔·蒙诺兹 著/绘
王冬芳 译

漓江出版社

你知道吗？如果能准确地画出人体构造，充分地展现人体的美，会帮助我们了解人体的各个部分是如何协调工作的。并非每个画家或雕塑家都像我一样学习过解剖学，而对解剖学的研究让我画的人体画极其精准。正因如此，我成了让世人仰慕的历史名人。

我就是列奥纳多·达·芬奇，我想和你分享我的人生经历和艺术作品！

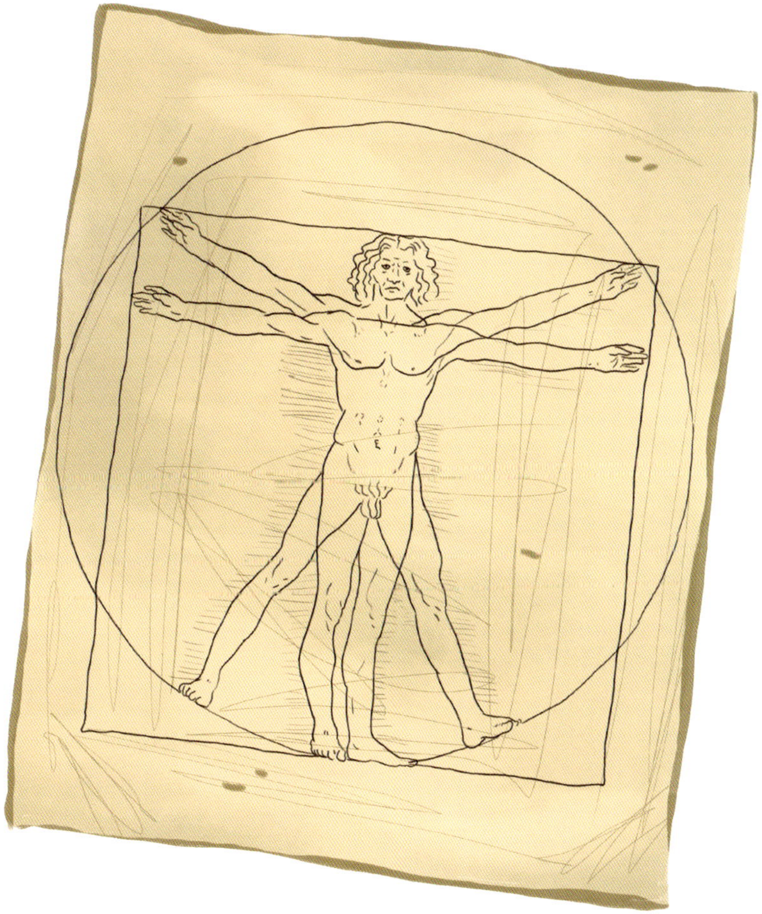

我出生于1452年4月15日，此时，意大利正处于文艺复兴时期。

“达·芬奇”是我的姓，意为“来自芬奇的”，而“芬奇”是托斯卡纳区的一个小镇，正是我出生的地方。我妈妈叫卡泰丽娜，她没有和我爸爸结婚，生活很穷苦；我爸爸叫瑟·皮耶罗·达·芬奇，是当地的法律公证员。我是由爸爸抚养长大的，一直住在他家族名下的一处庄园里。除了基本的阅读、写作和简单的算术，我没接受过其他任何正规的学校教育，都是靠自学。

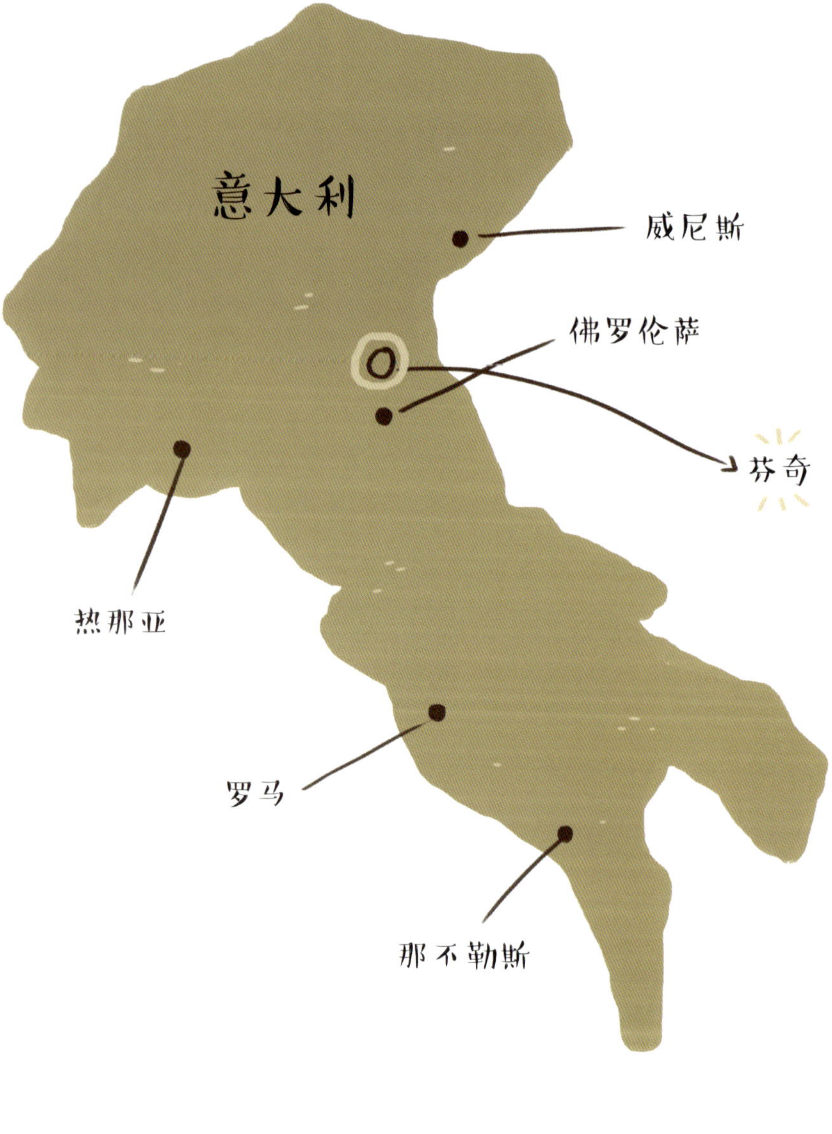

虽然我受教育的程度不高，但很幸运——爸爸发现了我的艺术天赋，决定大力培养我。在我14岁那年，他把我送到佛罗伦萨，让我给安德烈·德尔·韦罗基奥当学徒。韦罗基奥可是一位著名的画家和雕塑家，我竟然能有机会跟他学习，真是太激动了！

当学徒期间，我从韦罗基奥大师那里学到了很多技艺，包括金属加工、皮革工艺、木工、素描、油画和雕塑。我勤学苦练了多年，努力掌握这些技艺并加以完善。我的左右手都很灵活，但我更习惯用左手写字、素描、画油画。

1478年，我终于从韦罗基奥大师那里学成出师，成为一名独立的艺术家。几年后，我从佛罗伦萨的圣多纳托修道院接到第一份委托，开始创作油画《三博士来朝》。

但是，我并没能完成这幅作品。因为1483年前后我就动身去了米兰，开始为斯福尔扎家族效力。这个家族是米兰当时的统治者，他们想让我成为他们家族里的一名工程师、建筑师、画师和雕塑师。我花了12年多的时间，只为雕刻一座巨型骑马青铜像，用来纪念斯福尔扎王朝的缔造者弗朗切斯科·斯福尔扎。对于这座本该宏伟壮丽的雕塑，我只完成了它的泥塑模型，因为战争已经迫在眉睫，青铜都被用来制造大炮了。

在工作之余，我还对人类的骨骼、肌肉、大脑以及消化和生殖系统进行了解剖研究。这使我对人体构造有了新的理解，对我的创作也有极大的帮助。我一直认为：视觉对人类来说最重要，因此眼睛是最重要的器官。

1487年前后，我结合自己对艺术创作和科学研究的兴趣，绘制了一幅人体素描。在这幅画中，我绘制了一个男子，双臂和双腿伸展、重叠处于“十”字形和“火”字形的姿态。这幅画是对人体比例和几何学之间关系的研究——是我从古罗马建筑师维特鲁威那里获得的灵感，因此画的名字就叫《维特鲁威人》。

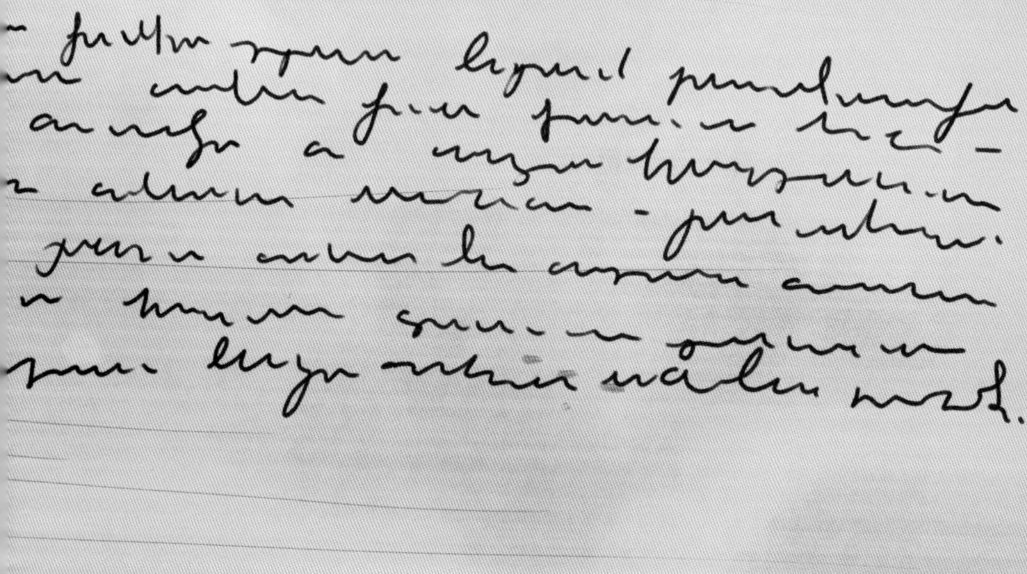

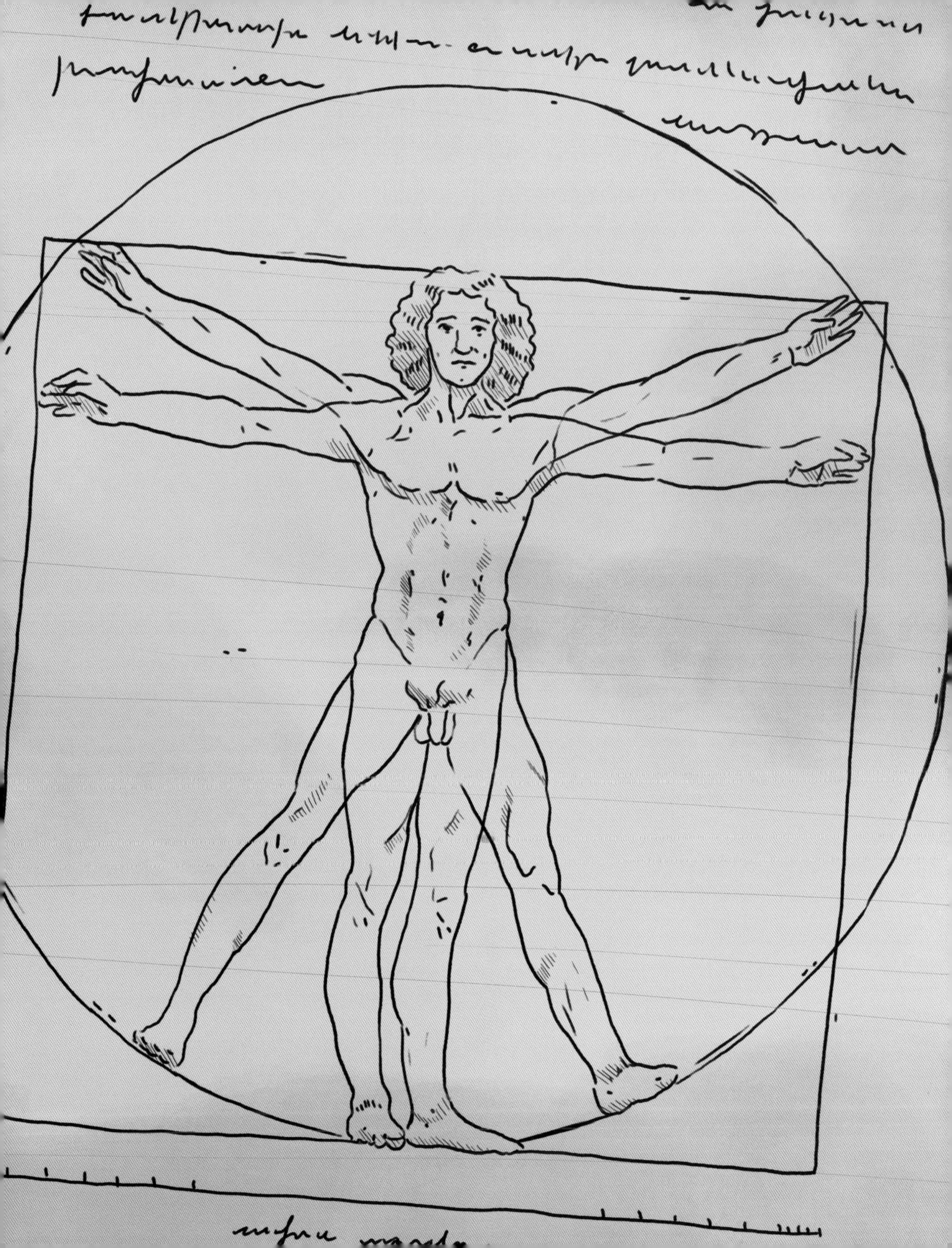

1495年，我接受米兰公爵卢多维科·斯福尔扎的委托，开始在圣玛利亚修道院餐厅的墙壁上绘制壁画《最后的晚餐》。

我花了3年时间完成这幅壁画。它描绘的是耶稣与他的十二个门徒一起吃晚餐时，忧郁地说他们中的一人要出卖他那一瞬间的情景。

1499年，法国军队入侵米兰。法国国王路易十二力争王位，斯福尔扎家族被迫逃亡。随着战争愈演愈烈，我也不得不逃回佛罗伦萨，那里相对安全一些。

1499
威尼斯
米兰
意大利
佛罗伦萨
利古里亚海

在佛罗伦萨期间，我绘制了几幅人物肖像。但只有创作于1503年左右的《蒙娜丽莎》留存下来。如今，它也许是世界上最著名的油画了。多年来，人们都在猜测画中的女子究竟是谁。不过，我永远都不会告诉你们她的身份和她似笑非笑的原因。

1506年，我重返米兰，教授一群学生学习雕塑。后来，在1517年，我接受了法国国王法兰西斯一世的邀请，在法国昂布瓦斯附近的克劳斯·吕斯城堡定居下来。国王还授予了我“皇家首席画家、工程师和建筑师”的称号。我在这座美丽的城堡中安逸平静地度过了余生，但却很少动笔画画了。1519年，我便告别人世了。

这一生中，我撰写、绘制过多种题材的作品，从地质、解剖到飞行、引力，无所不包。你不知道吧！我还是一个天才发明家——我绘制了一种机器，跟现在的自行车极为相似，但那时候自行车还没有被制造出来呢。

我还喜欢研究鸟儿的飞翔原理和蝙蝠的生理机能，经常绘制一些飞行器的设计图。这些飞行器看起来很像现在的悬挂式滑翔机和直升机。

也许正因为我的兴趣广泛，我常常把作品完成一半就丢开了；或者由于作品没有达到我的预期效果，我就毁掉它。但是，我的确记录了一本又一本的设计和创意——尽管这些笔记除了我，其他人恐怕很难看懂。因为我用左手写的字母仿佛是从镜子里映射出来的，被人称为“镜像字”！

我的绘画作品都是在科学研究的基础上完成的，因此人们称我为“艺术工程师”。我一直在试图更深入地探究人体内部的运作方式，以确保我的作品尽可能精准。为此，我这一生从未停止过学习和探索。

列奥纳多·达·芬奇于4月15日
出生在托斯卡纳的一个小镇。

1452

达·芬奇成为独立的艺术家。

1478

1466

在佛罗伦萨给
安德烈·德尔·韦罗基奥当学徒。

他搬到米兰，
为执政的斯福尔扎家族效力。

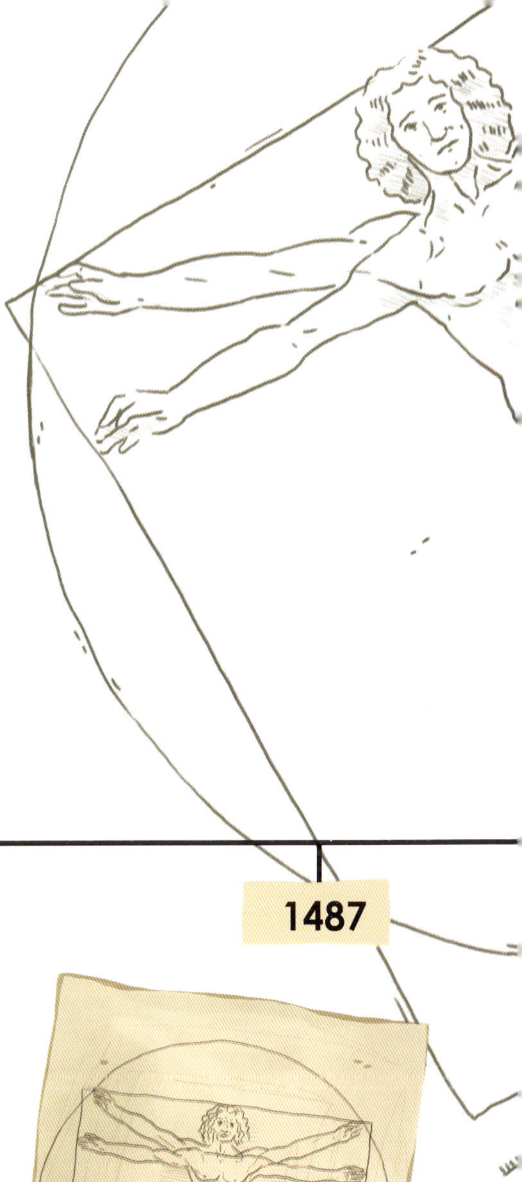

1483

1481

他接到来自佛罗伦萨圣多纳托修道院的
第一份委托，创作《三博士来朝》，
但这幅作品并未完成。

1487

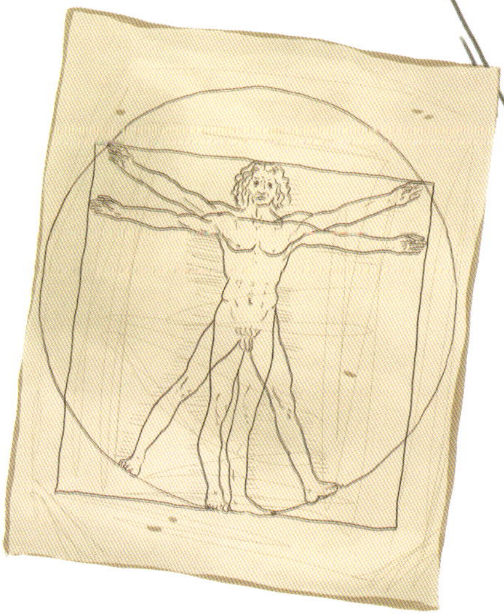

绘制《维特鲁威人》。

达·芬奇受米兰公爵卢多维科·斯福尔扎委托，
开始绘制壁画《最后的晚餐》。

1495

绘制《蒙娜丽莎》。

1503

1499

法国军队入侵米兰，达·芬奇
逃回相对安全的佛罗伦萨。

1517

达·芬奇移居法国，被授予
“皇家首席画家、
工程师和建筑师”称号。

1506

他回到米兰，
开始教授一群学生学习雕塑。

1519

达·芬奇去世，享年67岁。

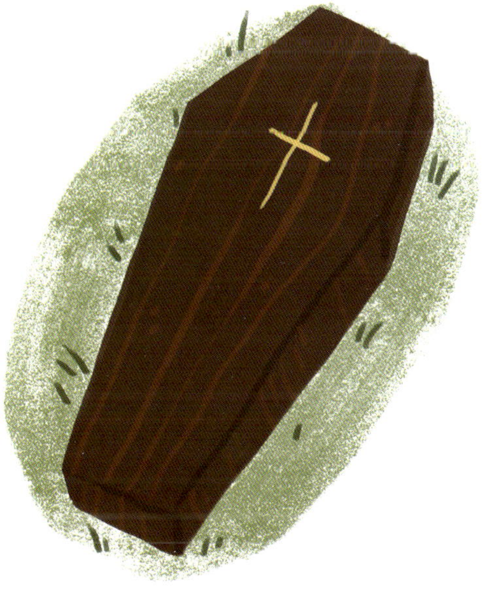

测一测

Q1. 达·芬奇曾给哪位著名的雕塑家、画家当学徒？

Q2. 达·芬奇通常用哪只手作画？

Q3. 达·芬奇为第一份委托创作的作品，其名字叫什么？

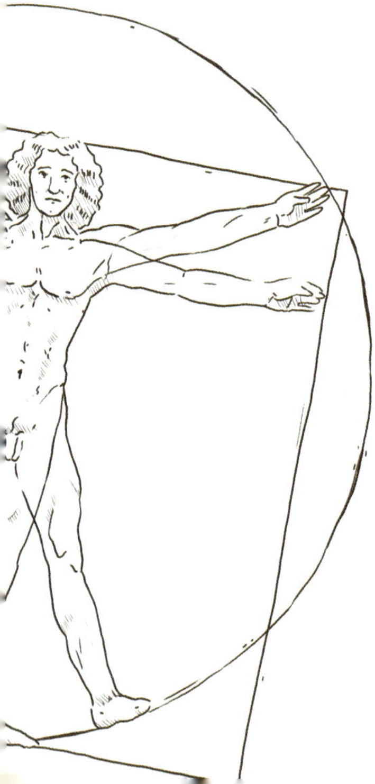

Q4. 达·芬奇在米兰为哪个统治家族工作？

Q5. 达·芬奇认为人体中哪一个器官最重要？

Q6. 达 · 芬奇绘制的双臂和双腿伸展的人体画像叫什么?

____

Q7. 达 · 芬奇用了多少年完成《最后的晚餐》?

____

Q8. 法国国王法兰西斯一世授予达 · 芬奇什么头衔?

____

Q9. 根据这本书的内容，达 · 芬奇最著名的油画是哪一幅?

____

Q10. 达 · 芬奇是哪一年去世的?

____

参考答案

A1. 安德烈·德尔·韦罗基奥

A2. 左手

A3. 《三博士来朝》

A4. 斯福尔扎家族

A5. 眼睛

A6. 《维特鲁威人》

A7. 3年

A8. 皇家首席画家、工程师和建筑师

A9. 《蒙娜丽莎》

A10. 1519年

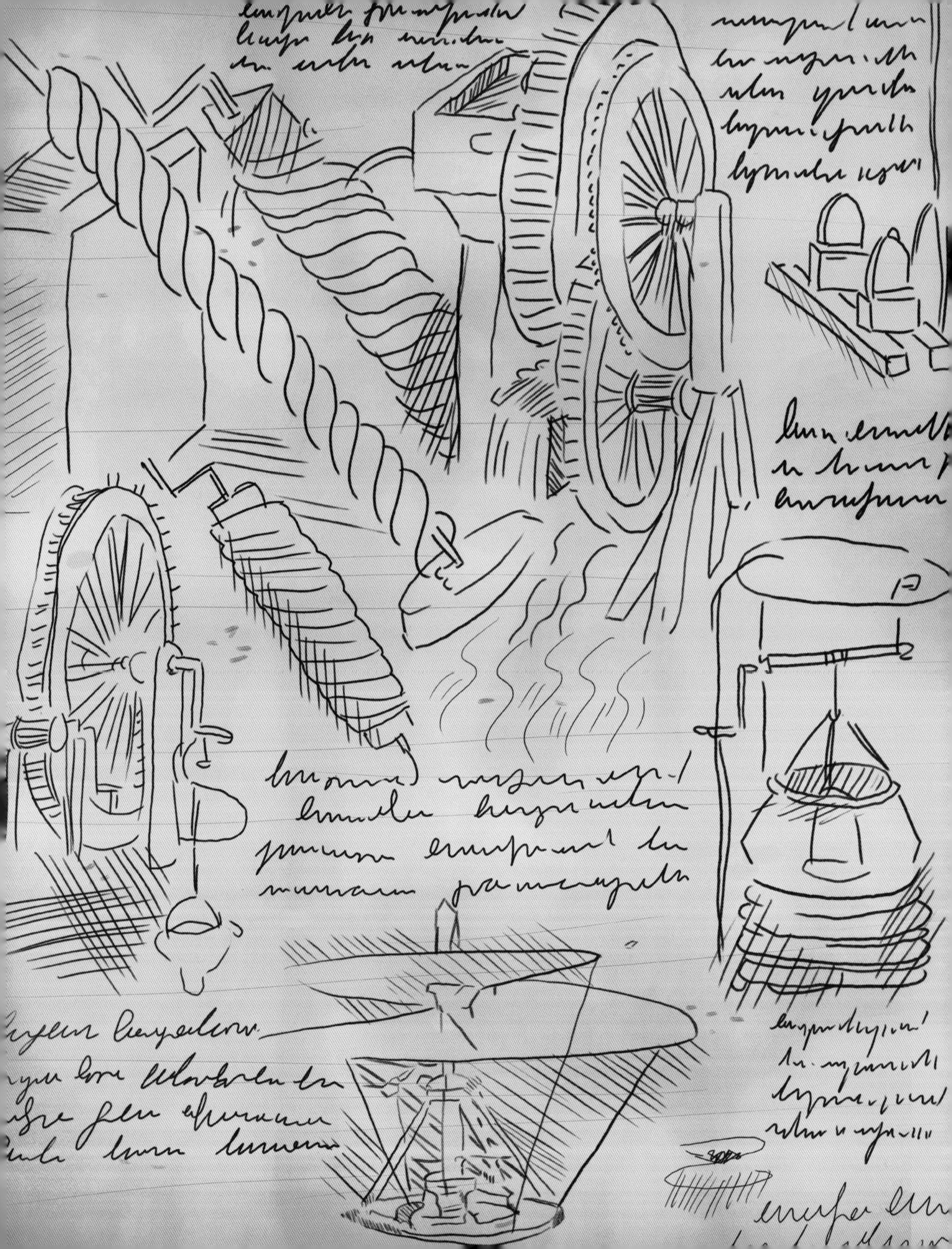

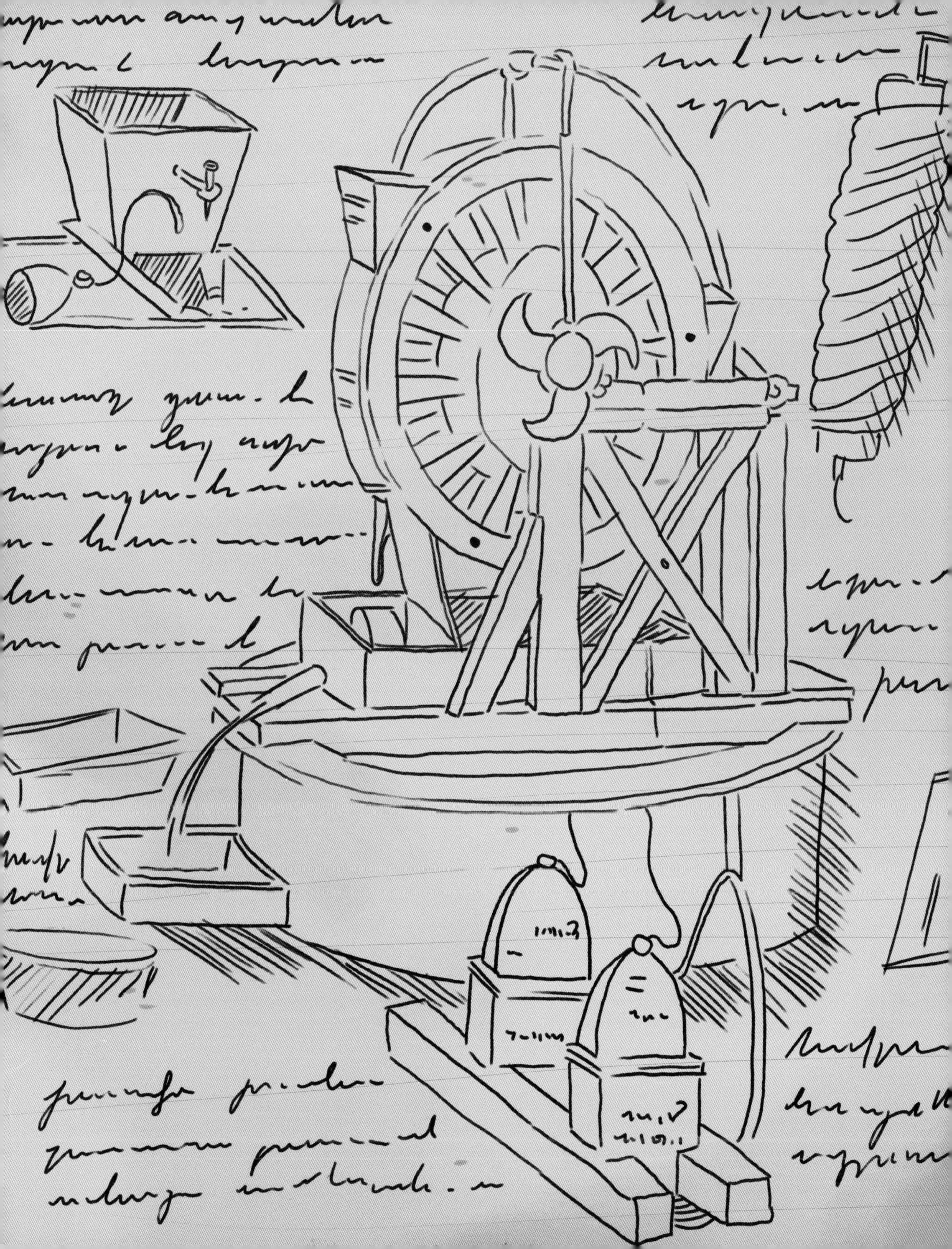

桂图登字：20-2019-110

图书在版编目（CIP）数据

达·芬奇的一生 / (西) 伊莎贝尔·蒙诺兹著；王冬芳译. -- 桂林：漓江出版社, 2020.1
ISBN 978-7-5407-8776-9

Ⅰ. ①达… Ⅱ. ①伊… ②王… Ⅲ. ①达·芬奇(Leonardo, da Vinci 1452-1519) - 传记 Ⅳ. ①K835.465.72

中国版本图书馆CIP数据核字(2019)第235074号

达·芬奇的一生
DAFENQI DE YISHENG

[西]伊莎贝尔·蒙诺兹 著/绘
王冬芳 译

出 版 人：刘迪才
特约策划：步步联盟 张 洋
策划编辑：杨 静
责任编辑：杨 静
助理编辑：林培秋
责任监印：黄菲菲
装帧设计：陈 娇 侯雪娇

出版发行：漓江出版社有限公司
社 址：广西桂林市南环路22号
邮 编：541002
发行电话：0773-2583322 010-85893190
传 真：0773-2582200 010 85890870 814
邮购热线：0773-2583322
电子信箱：ljcbs@163.com
网 址：http://www.lijiangbook.com

印 制：北京汇瑞嘉合文化发展有限公司
开 本：787 mm × 1092 mm 1/16
印 张：2.75
字 数：48千字
版 次：2020年1月第1版
印 次：2020年1月第1次印刷
书 号：978-7-5407-8776-9
定 价：35.00元